내가 가게를 만든다면?

글 김서윤

사회학과 국문학을 공부했습니다. 지금은 글을 쓰고 책을 만드는 일을 하고 있습니다.
어릴 때는 카스텔라를 좋아했고 요즘은 크림치즈빵을 좋아합니다.
〈토요일의 심리클럽〉으로 창비청소년도서상을 받았고
〈왕, 총리, 대통령 중 누가 가장 높을까?〉, 〈나라가 우리를 행복하게 만든다고?〉를 썼습니다.

그림 서영아

빵을 먹는 것도 좋아하고 빵집에 가는 것도 좋아하고 빵을 그리는 것도 좋아합니다.
나중에 멋진 빵집을 차리면 좋겠다는 사심으로 즐겁게 작업했습니다.
그린 책으로는 〈밥상을 차리다〉, 〈어떤 아이가〉, 〈딸랑곰〉, 〈해리엇〉 등이 있습니다.

추천 오흥선

서울과학기술대학교 공학대학을 졸업하고, 매일경제신문사에서 21년간 기자로 있으면서
경제 금융 증권 부동산 온라인 뉴스를 다루다가 지금은 (사)청소년금융교육협의회 사무국장이자
경제 금융 전문 강사로 활동하고 있습니다. 서울시장 표창, 금융위원장 표창을 받았습니다.

토토 사회 놀이터

토토 사회 놀이터는 교과서 속 사회 지식을 재미있게 풀어낸 그림책 시리즈입니다. 초등학교 저학년 어린이들이 사회와
친해지고 스스로 정치와 경제, 법 등을 탐구하여 사회 전체의 흐름을 파악할 수 있도록 쉽고 재미있게 구성되어 있습니다.
토토 사회 놀이터에서는 사회도 놀이가 됩니다.

교과서 속 **경제 지식**을
쉽고 재미있게 배워요!

내가 가게를 만든다면?

글 김서윤 | 그림 서영아
추천 오흥선(청소년금융교육협의회 사무국장)

또또북

차례

나만의 가게를 만드는 방법 ······ 6

 **1단계 가게 종류 정하기**

무엇을 팔지 고르기 ················ 10
가게 이름 짓기 ···················· 12
돈 마련하기 ······················ 15
자리 찾기 ························ 20
나라에 등록하기 ·················· 24

준비해야 할 게 이리도 많다니!

2단계 상품 준비하기

상품 정하기 ······················ 28
도구와 재료 구입하기 ·············· 30
예쁘게 장식하기 ·················· 33
직원 구하기 ······················ 36
가격 매기기 ······················ 40

3단계 상품 판매하기

손님 모으기 ············ 46
손님 만나기 ············ 50
돈 관리하기 ············ 52

모든 준비는 끝났다! ············ 56

빵나라의 앨리스를 소개합니다! ··· 58
내가 만든 가게를 소개합니다! ···· 59
한눈에 보는 가게 만들기 ········ 60
용어 설명 ···················· 62

나만의 가게를 만드는 방법

어느 날 문득, '나도 돈을 벌어야겠다' 하는 생각이 들었나요?
안 될 게 뭐 있나요! 여러분도 돈을 벌어 보는 거예요!
비록 동전 하나라도 여러분이 직접 번다면 무지 신이 날 거예요!

어떤 방법으로 돈을 벌어야 할지 모르겠다고요? 물론 당장은 막막하기도 하겠죠. 아직 한 번도 돈을 벌어 보지 않았다면 방법을 모르는 게 당연해요. 하지만 조금만 생각해 보면 다 방법이 보여요. 여러분은 평소에 언제 돈을 쓰나요? 바로 무언가를 살 때잖아요. 그럼 반대로 여러분이 직접 무언가를 판다면? 여러분이 돈을 벌게 되겠죠!

길을 걸으면 온갖 종류의 가게를 볼 수 있어요. 가게에서 손님은 돈을 내서 상품을 사고, 가게 주인은 상품을 팔아서 돈을 벌어요. 여러분도 손님이 아니라 가게 주인이 되어 보는 거 어때요? 그래요, 여러분만의 가게를 만드는 거죠. 혹시 아나요? 여러분의 가게가 커지고 또 커져서 여러분을 부자로 만들어 줄지! 세계에서 가장 유명한 대형 마트인 월마트를 세운 샘 월튼도 처음에는 하나의 작은 가게를 만드는 것에서 출발했어요.

아무것도 없는 상태에서 어떻게 가게를 만드냐고요?
다 방법이 있답니다. 차근차근 따라 하면 돼요.
자, 이제 시작해 볼까요?

가게의 종류를 정해요!

시작이 반이라는 말도 있죠. 그만큼 시작이 중요해요. 가게를 만들 때 가장 처음 해야 하는 것은 어떤 가게를 만들지, 어떤 상품을 팔지 결정하는 거예요.

상품을 준비해요!

가게를 열기 전에 해야 할 일이 참 많아요. 상품을 마련하고 가게 안을 꾸미고 직원도 뽑아야죠. 이런 일들을 해 놓지 않으면 가게가 잘될 수 없거든요.

상품을 팔아요!

가게를 열었으면 손님을 모아야죠. 찾아온 손님에게는 친절히 대해야 하고요. 참, 상품을 팔아 번 돈을 관리하는 것도 잊으면 안 돼요.

가게 종류 정하기

여러분만의 가게를 만들려면 가장 먼저 가게의 종류를 무엇으로 할지 정해야 해요. 어떤 상품을 팔지 정하면 자연히 가게의 종류도 정해질 거예요. 여러분의 가게가 어떤 종류의 가게인지 잘 나타내는 이름도 지어 봐요. 물론 마음만 가지고 가게를 만들 수는 없으니까 실제로 가게를 만드는 데 필요한 돈도 마련하고 적당한 자리도 찾아야겠죠.

어떤 가게를 만들까?

아이스크림 가게?

서점?

옷 가게?

빵집?

나는 당근가게?

무엇을 팔지 고르기

모든 가게에 반드시 있는 것, 바로 손님에게 팔 상품이에요. 손님이 찾아왔는데 상품이 아무것도 없다면 그건 말이 안 되잖아요. 그렇다고 이것저것 아무거나 가져다 놓고 상품이라고 팔아서도 안 되죠. 여러분이 잘 팔 수 있고 손님이 기꺼이 살 수 있는 것을 상품으로 마련해야 해요. 무엇을 팔지 고르기가 어렵다고요? 자, 그럼 몇 가지 힌트를 줄게요.

직접 만들어 팔아요

손수 만들어서 팔 수 있는 상품은 무엇이 있을까 생각해 봐요. 대표적인 게 바로 음식이죠. 중국집에 가서 짜장면을 주문하면 주방에서 짜장면을 만들어 주잖아요. 물론 음식 외에도 옷, 신발, 책상…… 무엇이든 만들어 팔 수 있어요. 여러분이 그 상품을 만들 능력만 있다면요!

> 손으로 직접 면을 만들어요!

> 공장에서 만들어진 장난감을 가져와 팔아요~

남이 만든 것을 가져와 팔아요

상품을 직접 만들기가 부담된다고요? 걱정할 거 없어요. 이미 만들어진 상품을 가져와서 팔면 되거든요. 예를 들어, 아이스크림을 직접 만들기 힘들다면 다른 사람이 만든 아이스크림을 사 와서 다시 파는 거예요. 사실 가게 중에는 상품을 직접 만드는 가게보다 이미 만들어진 상품을 가져와 파는 가게가 더 많아요.

물건이 아닌 것도 팔 수 있어요

꼭 손으로 만질 수 있는 것이 아니라도 얼마든지 상품이 될 수 있어요. 그게 어떻게 가능하냐고요? 부동산을 봐요. 사람들이 새로 이사할 집을 찾아 주잖아요. 세탁소는 또 어떻고요. 사람들의 옷을 깨끗하게 빨아 주지요. 이렇게 다른 사람의 생활이 좀 더 편리해지도록 도와주는 것도 돈을 받고 팔 수 있답니다.

가게 이름 짓기

가게 이름을 지을 때 특별히 따라야 하는 규칙은 없어요. 가게 주인 맘대로 지으면 되죠.
그렇다고 대충 지어도 된다는 건 아니에요! 엄마 아빠가 여러분의 이름을 정성 들여 지었듯이
여러분도 가게 이름을 신경 써서 지어야 해요. 여러분의 가게가 어떤 가게인지 잘 드러나고
손님들이 기억하기도 쉬운 이름이어야겠죠.

이름을 이름으로!

> 앨리스 빵집이라고 할까?

여러분 자신의 이름을 따서 가게 이름을 짓는 건 어때요?
가게를 대표하는 사람은 바로 가게 주인이니까요.
여러분의 이름보다 별명이 더 마음에 든다면 별명을 따서 가게 이름을 지어도 좋고요.

좋아하는 말을 이름으로!

> 맛있는 빵집이라고 할까?

그냥 여러분이 좋아하는 말을 따서 가게 이름으로 짓고 싶다고요?
얼마든지 가능해요! 따뜻한 느낌을 주는 말, 엉뚱한 느낌을 주는 말,
믿음직한 느낌을 주는 말, 무엇이든 골라 봐요.

특징을 이름으로!

> 유기농 빵집이라고 할까?

가게의 특징을 나타내는 것도 가게 이름을 짓는 좋은 방법이에요.
여러분의 가게가 가진 여러 가지 특징 중에서도 어떤 것을
이름으로 쓸지 골라 봐요. 가게에서 파는 상품에 관한 것인가요?
가게가 자리 잡고 있는 동네에 관한 것인가요?

대한민국 제과명장을 꿈꾸는 앨리스가
천연 발효종과 유기농 밀가루로 직접반죽한
첨가제없는 몸에 좋고 소화도 잘되는
정말정말 맛있는 우리동네 최고 빵집

외우기가 너무 어려워! 으악,

어, 그러니까 여기가, 대한민국 제과명장을 꿈꾸는 앨리스가 천연 발효종과 유기농 밀가루로 직접 반죽한 첨가제 없는 몸에 좋고 소화도 잘되는 정말 정말 맛있는 우리 동네 최고 빵집 앞이야.

 주의할 점이 있어요.
이왕이면 사람들이 기억하기 쉬운 이름이 더 좋겠지요?

이름 짓기
실전편

이런, 아무리 머리를 쥐어짜도 마음에 쏙 드는 멋진 가게 이름이 떠오르지 않는다고요? 아래의 원을 봐요. 어떤 가게에도 어울릴 만한, 어떤 손님도 잘 기억할 만한 이름들이 적혀 있어요. 여러분이 단어를 추가해도 좋아요. 이 원을 벽에 붙여 놓고 펜을 던져서 고르는 거예요. 자, 이제 가게 이름을 정했나요?

- 누리
- 우리
- 하늘
- 참
- 푸름
- 대한
- 동네
- 으뜸

예전부터 이상한 나라의 앨리스가 되어 보고 싶었는데 이참에 한번 해 볼까?
빵나라의 앨리스라고 해야겠다!

돈 마련하기

여러분이 가게를 만들 때 꼭, 필히, 반드시 있어야 하는 것! 바로 돈이랍니다.
가게를 만든다는 건 돈이 꽤 드는 일이거든요. 지금 당장 여러분에게 충분한 돈이 있다면
아무런 문제도 없겠지만, 그렇지 않다면 돈을 구할 방법을 궁리해야 해요.
설마 하늘에서 갑자기 돈이 떨어질 일은 없을 테니 말이에요.

열심히 모아요

돈을 마련하는 가장 간단한 방법을 알려 줄까요?
바로 돈을 쓰지 않고 차곡차곡 모으는 거예요.
집에 있는 저금통에 넣어 두거나 은행에 통장을 만들어
저금해 두면 돼요. 이렇게 하면 확실하게 돈을 마련할 수 있긴
한데, 다만 단점이 하나 있어요. 시간이 오래 걸릴 수도 있다는 거죠.

다른 사람과 힘을 합해요

좀 더 빨리 돈을 마련하고 싶다고요? 좋은 방법이
있어요. 다른 사람과 힘을 합치는 거죠. 그러니까, 다른
사람의 돈과 내 돈을 모아 같이 가게를 만드는 거예요.
이렇게 여럿이 모여 함께 가게나 회사를 차리는 것을
'동업'이라고 해요.

은행에서 빌려요

혼자서 돈을 모으기가 버겁다면, 다른 사람과 힘을 합해도 여전히 돈이 부족하다면, 이제 은행을 찾아갈 차례예요. 은행은 사람들이 맡긴 돈을 안전하게 보관해 주는 일을 할 뿐만 아니라, 돈이 필요한 사람에게 돈을 빌려주는 일도 하거든요. 물론 아무리 적은 돈이라도 아무런 대가 없이 빌릴 수는 없어요. 돈을 갚을 때 이자까지 함께 내야 하죠.

 돈을 빌릴 때도 주의할 점이 있어요.
약속한 시간 안에 반드시 갚아야 한다는 거죠.
돈을 갚지 않으면 채무 불이행자가 되고 말 거예요!

은행에서 돈을 빌리는 과정을 따라가 볼까요?
한 단계, 한 단계마다 신중하게 해야 한다는 거 명심해요!

❶ 얼마만큼 빌려야 하는지 계산해 봐요.
너무 많이 빌리면 이자가 부담되니까 정확하게 따져야죠.

❷ 여러 은행의 이자를 비교해 봐요.
가장 유리한 조건으로 돈을 빌릴 수 있는 은행을 찾아야겠죠.

❸ 혼자서 알아보는 것만으로는 부족해요.
은행 직원과 상담을 하면 더 많은 정보를 얻을 수 있어요.

❹ 대출계약서를 써요.
빌리는 돈의 액수, 이자의 액수, 갚아야 하는 날짜가 정확하게 적혀 있는지 확인해요.

❺ 통장에 돈이 들어왔는지 확인해요.
엄연히 은행의 돈이니까 허투루 쓰면 안 되겠죠.

이제 돈을 다 마련했어!

나도! 나도!

은행, 이런 일도 하네?

은행이 하는 대표적인 일은 사람들이 맡긴 돈을 보관해 주고 이자도 주고, 사람들에게 돈을 빌려주는 일이에요. 이 외에도 은행은 다양한 일을 한답니다.

❶ 지폐와 동전을 바꿔 줘요

> 제 돼지 저금통에 동전이 가득 찼어요. 지폐로 바꿔 주세요.

❷ 우리나라 돈과 외국 돈을 바꿔 줘요

> 중국 여행을 가려고 해요. 중국 돈으로 바꿔 주세요.

❸ 나라에 내는 세금, 가스요금, 전기요금 등을 받아요

> 은행에서 받아서 나라에 전달해 드립니다.

❹ 귀중한 물건을 보관해 줘요

보석을 집에 두기 불안하시다고요? 은행에서 안전하게 보관해 드립니다.

❺ 돈을 만들어요

돈아, 네 고향은 은행이구나.

Quiz
정답은 64쪽에서 확인하세요!

돈을 만드는 은행을 찾아라!
돈을 만드는 일은 아무 은행이나 다 하는 게 아니라 오직 특별한 한 군데 은행에서만 하지요. 어느 은행일까요?

❶ 우리은행 ❷ 한국은행 ❸ 국민은행 ❹ 외환은행 ❺ 기업은행

자리 찾기

가게가 잘되려면 가게에서 파는 상품도 중요하지만 그에 못지않게 중요한 것이 가게의 위치예요. 빈자리라고 아무 데나 덥석 가게를 만들어서는 절대 안 되지요. 조목조목 따져 봐야 하는 점이 한두 가지가 아니거든요. 특히 다음 네 가지는 꼭 생각해서 가게의 위치를 결정해야 해요.

사람이 많은 곳

손님이 많이 찾아와야 가게가 잘될 수 있겠죠. 그러려면 사람들이 많이 사는 곳에 가게를 만드는 것이 좋아요. 큰 건물이나 학교 근처도 좋고요. 두메산골 깊숙한 곳에 가게를 만들어 놓고 손님들이 오기를 기대할 수는 없겠지요?

교통이 편리한 곳

사람들은 매일같이 대중교통을 이용해요. 버스나 지하철을 타고 학교로, 회사로 이동을 해요. 그러니 버스 정류장이나 지하철역이 가까이 있는 곳이라면 자연히 사람들이 많이 지나다닐 거예요. 그만큼 가게가 사람들 눈에 잘 띌 수 있겠죠.

가겟세가 적당한 곳

길바닥에서 상품을 팔고 싶지 않다면 이미 지어진 건물에 있는 자리를 빌려야 해요. 그러자면 가겟세를 내야 하고요. 사람이 많고 교통이 편리한 자리를 잡으려면 가겟세를 많이 내야 하겠죠? 그렇다고 가겟세가 너무 비싸면 아무리 상품을 많이 팔아도 여러분에게 남는 돈이 거의 없을 거예요.

어째서 손님이 없지?

같은 종류의 가게가 없는 곳

여러분의 가게 옆에 같은 종류의 가게가 있다면, 앞에도 같은 종류의 가게가 있다면, 심지어 뒤에도 같은 종류의 가게가 있다면 어떻겠어요? 여러분의 가게를 찾는 손님이 줄어들 거예요. 그러니까 같은 종류의 가게가 없는 곳을 찾아야 해요.

잠깐!

같은 종류의 가게가 많이 모여 있으면 오히려 유리한 경우도 있어요. 그만큼 그 장소가 유명해져서 손님들이 더 많이 찾아올 수도 있거든요.

서울 중구의 방산시장에는 베이커리 재료 가게들이 모여 있어요.

자리 찾기 실전편

좋은 조건을 갖춘 자리를 찾기 위해서는 방 안에서 머리만 굴리고 있어서는 안 돼요. 밖에 나가 부지런히 발품을 팔아야죠. 사람이 많은지 적은지, 주변에는 어떤 가게들이 있는지 관찰해서 여러분이 직접 지도를 만들어 봐요.

주목!

인터넷으로 눈을 돌려 봐요.

요즘은 건물을 빌리거나 새로 짓지 않고도 얼마든지 가게를 만들 수 있어요. 인터넷이라는 공간이 있으니까요. 물론 인터넷에 만든 가게를 손님들 눈에 띄게 하려면 더 많은 노력을 들여야 해요.

인터넷에도 이렇게 가게가 많네!

나라에 등록하기

이제 가게를 만들기 위한 준비는 거의 다 되었어요.
하지만 반드시 해야 하는 일 한 가지가 아직 남아 있어요.
여러분이 만들게 될 가게를 나라에 등록하는 거예요.
바쁘다고 귀찮다고 지나쳤다가는 큰일 나요. 법을 어기는 거니까요.
설마 여러분의 가게를 '불법 가게'로 만들고 싶은 건 아니겠죠?

아기가 태어나면 나라에 출생신고를 해요. 대한민국 국민이라고 정식으로 등록하는 거죠. 새로운 가게를 만들 때도 마찬가지예요. 나라에 등록을 해야 한답니다.

나라에서 모든 가게들을 등록시키는 이유는 세금을 걷기 위해서예요. 누구나 돈을 벌면 세금을 내야 하거든요. 또 다른 이유도 있어요. 안전을 위해서죠. 손님에게 자칫 위험을 줄 수 있는 상품을 파는 가게는 미리 교육을 받거나 면허증을 따야 해요.

빵집, 음식점, 정육점 등은 식품위생교육을 받아야 해요.

약국, 안경점, 미용실 등은 면허증이 있어야 해요.

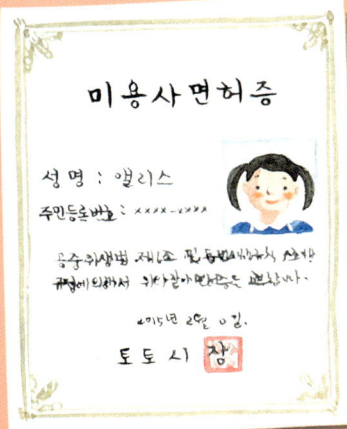

서점, 가구점, 옷 가게처럼 이미 완성된 상품을 가져와 파는 경우는 등록이 훨씬 간편해요.

상품 준비하기

상품을 준비하는 것은 나무를 기르는 일과 비슷해요.
꼬박꼬박 물을 주며 정성 들여 가꿔야 나무에서 잎이 나고 꽃이 피듯,
여러분이 정성을 많이 들일수록 더 나은 상품이 만들어져요.
물론 상품을 만드는 데는 물보다 더 많은 것이 필요하죠.
여러 가지 도구와 재료를 구입해야 상품을 완성할 수 있어요.
그뿐인가요. 상품이 보기 좋게 진열되도록 가게 안을 꾸며야 하고,
상품마다 적당한 가격도 정해서 매겨야죠. 손님들은 상품을 살 때
이런 것들을 다 같이 생각해서 판단하거든요.

상품 정하기

이제 본격적으로 상품을 준비할 차례예요. 예를 들어, 여러분이 빵집이나 카페, 음식점같이 먹거리를 파는 가게를 만든다면 메뉴를 짜야겠죠. 아무리 큰 빵집이라도 세상의 모든 빵을 팔 수는 없으니까 그중에서 선택을 해야 한답니다. 처음에 정한 상품을 나중에 바꿀 수도 있어요. 물론 너무 자주 바꾸거나 완전히 다른 종류로 바꿔 버리면 손님이 헷갈려 하겠지만요.

❶ 기본이 되는 상품을 정해요

빵나라의 앨리스에서 기본 메뉴는 식빵, 팥빵, 크림빵······

짜장면과 짬뽕이 없는 중국집이 상상이 되나요? 좀 어색하죠? 그럼 책이 없는 서점은요? 이건 아예 말이 안 되죠? 이렇게 가게의 종류에 따라 가장 기본이 되는 상품이 있기 마련이에요. 뭐든지 기본이 중요한 법이죠.

❷ 나만의 특별한 상품을 넣어요

그렇다고 기본적인 상품만 있으면 심심할 거예요. 다른 가게에도 다 있는 상품일 테니까요. 다른 가게에서는 잘 볼 수 없거나 여러분이 가장 자신 있게 만들 수 있는 특별한 상품도 필요하죠.

특별한 걸 추가해 볼까? 블루베리 컵케이크, 딸기 컵케이크, 체리초코 컵케이크······

❸ 함께 팔 상품을 추가해요

빵집이라고 꼭 빵만 팔아야 하나요. 카페라고 꼭 음료수만 팔아야 하나요. 빵집에서도 음료수를 팔 수 있고 카페에서도 빵을 팔 수 있어요. 기본 상품과 함께하면 좋은 것을 곁들여 파는 거예요. 그러면 손님은 다른 가게까지 가지 않아도 되니 좋고, 여러분은 상품을 더 많이 팔 수 있으니 좋지요.

우리 가게는 딱 한 가지 빵을 맛있게 만드는 데 집중해. 그래서 멀리서도 손님이 찾아오지.

상품이 무지 단순한 가게

우리 가게는 음식 가짓수가 수십 가지나 돼. 그래서 다양한 손님을 동시에 받을 수 있어.

상품이 무지 다양한 가게

도구와 재료 구입하기

아무리 여러분이 직접 상품을 만든다고 해도 아무것도 없는 상태에서 처음부터 만들 수는 없어요. 밥을 짓기 위해 쌀농사부터 지어야 한다면, 옷을 짓기 위해 바늘부터 만들어야 한다면…… 어휴, 어느 세월에 밥을 팔고 옷을 팔 수 있겠어요? 이런 수고를 덜기 위해서는 상품에 맞는 도구와 재료를 사야 해요. 이때는 여러분이 가게를 찾는 손님이 되는 거죠.

빵집에는 당연히 오븐이 있어야 하고, 빵 재료는 밀가루, 크림……

❶ 무엇을 살지 계획을 세워요

여러분이 팔려는 상품을 만들기 위해서는 어떤 도구와 재료가 필요한지 생각해 봐요. 그리고 그것들을 죽 적어서 목록을 만들어요. 그 도구와 재료를 전문적으로 파는 가게나 시장을 알아보는 것도 좋지요.

❷ 다른 사람들의 의견을 들어요

여러분이 사려고 하는 도구나 재료를 여러분보다 먼저 사서 써 본 사람들을 찾아봐요. 그 사람들에게 물어보면 그 도구나 재료가 정말 쓸 만한지, 장점은 무엇이고 단점은 무엇인지 잘 알 수 있을 거예요. 인터넷에서 상품평을 검색해 볼 수도 있겠죠.

③ 가격을 비교해요

같은 도구나 재료라도 가게에 따라 조금씩 가격이 다를 수 있어요.
처음 들어간 가게에서 덥석 사 버렸다가 다른 가게에서 더 싸게 파는 것을 발견한다면
속이 좀 쓰리겠죠? 이런 일이 생기지 않도록 미리미리 가격을 비교해 보는 것이 필수랍니다.
가게를 잘 만들려면 먼저 현명한 소비자가 되어야 하는 사실!

이 밀가루냐, 저 밀가루냐, 그것이 문제로다!

이 밀가루는 근처 가게에서 쉽게 구할 수 있지만 값이 비싸고, 저 밀가루는 값은 싸지만 먼 동네까지 가야 살 수 있고.

아~ 어렵다~

중고도 쓸 만한걸!

다른 사람이 쓰던 물건을 '중고'라고 하지요. 새것이 너무 비싸서 부담스럽다면 중고로 눈을 돌려 봐요.

> 결정했어! 식기세척기는 중고로 사야지.

> 음식 재료까지 중고로 사서는 곤란해. 음식 재료는 오래되면 상할 수 있으니까.

한국소비자원

한국소비자원은 소비자들을 위해 나라에서 세운 기관이에요. 상품을 샀다가 피해를 입은 소비자는 한국소비자원의 도움으로 문제를 해결할 수 있어요. 한국소비자원 홈페이지(www.kca.go.kr)에 들어가면 다양한 사례들을 볼 수 있지요.

> 세탁소에 맡긴 스웨터가 쪼그라들었는데 주인은 자기 탓이 아니래요. 어쩌죠?

예쁘게 장식하기

누구나 첫인상이 중요해요. 여러분이 친구를 사귈 때도 기왕이면 첫인상이 좋은 친구와 먼저 친해지게 되잖아요. 마찬가지로 가게도 첫인상이 중요하죠. 손님들이 여러분의 가게를 처음 봤을 때 느낌이 좋아야 가게 안으로 들어올 마음이 생기지 않겠어요? 가게가 지저분하다거나, 어떤 종류의 가게인지 분간이 되지 않는다면 손님을 모으는 건 포기해야 할걸요.

여러분의 가게를 어떻게 꾸미고 싶은지 먼저 머릿속에 그림을 그려 봐요. 일단 전체적인 분위기부터 잡아야겠죠? 귀엽고 아기자기한 분위기로 할지, 우아하고 차분한 분위기로 할지, 아니면 또 다른 분위기로 할지 결정해요. 그런 다음에 그 분위기에 맞춰서 간판, 문, 벽지, 전등, 탁자 등을 마련하면 되죠.

무조건 예쁘기만 하다고 좋은 게 아니에요. 상품들이 손님 눈에 잘 들어오게 진열되는지, 도구와 재료가 편리한 자리에 보관되는지도 따져 봐야죠.

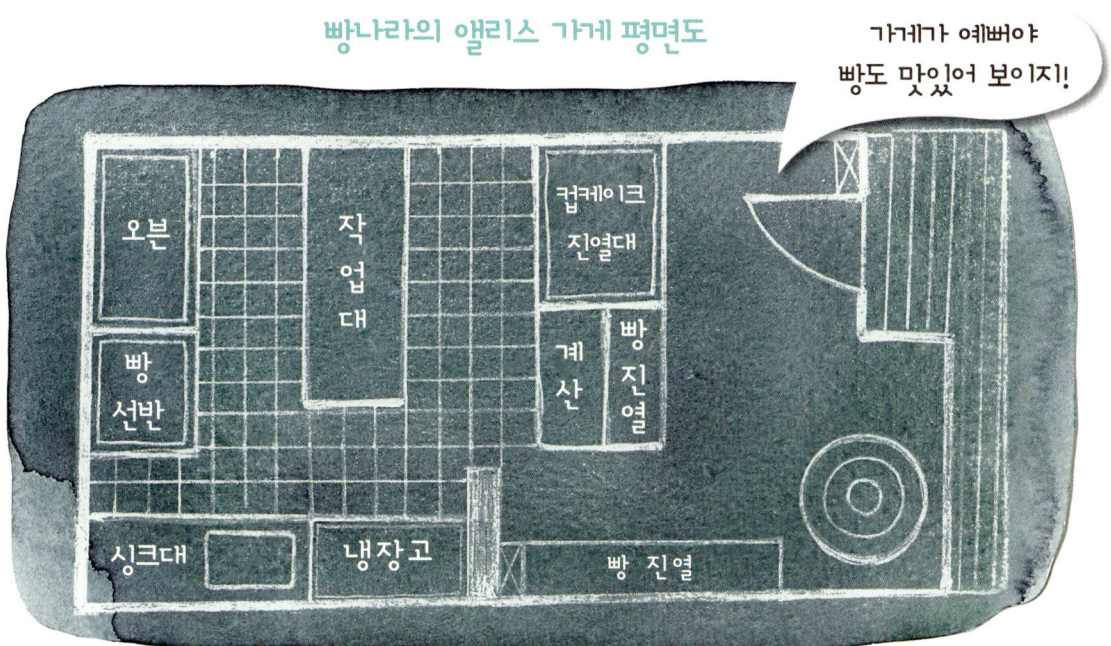

빵나라의 앨리스 가게 평면도

직원 구하기

가게를 꾸리다 보면 여러분 혼자서 가게 안의 일을 다 하긴 버거울 거예요.
한창 상품을 준비하고 있는데 손님이 들어오면 어떡해요? 한 손님에게
상품을 설명해 주고 있는데 다른 손님이 계산을 해 달라고 하면 어떡해요?
"몸이 두 개였으면 좋겠어!" 하는 말이 절로 튀어나올걸요. 하지만 다 방법이 있어요.
직원을 두면 돼요. 직원에게 일을 맡기고 그 대가로 돈을 주는 거예요.

직원을 구할 때 꼭 생각해야 할 점

- 직원에게 무슨 일을 맡길지 생각해요.
  계산을 하거나 청소를 하는 일을 맡길 수도,
  상품을 만드는 일을 맡길 수도 있죠.

- 일주일에 며칠, 하루에
  몇 시간 동안 일을 맡길지 생각해요.
  쉬는 날은 언제인지도 정하고요.

- 돈을 얼마나 줄지 생각해요.
  직원에게 많은 일을 맡길수록, 오랫동안
  일을 맡길수록 더 많은 돈을 줘야 해요.

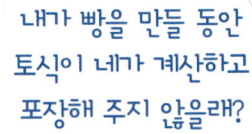

내가 빵을 만들 동안 토식이 네가 계산하고 포장해 주지 않을래?

하루에 여섯 시간 어때?

이만큼 주면 되지?

좋아. 그럼 계약서를 쓰자!

근로 계약서 실전편

마음에 쏙 드는 믿음직한 직원을 찾았나요? 그럼 이제 계약서를 써야겠죠? 가게 주인과 직원 사이에 약속한 것들을 정식으로 기록해 놓는 거예요. 그래야 나중에 서로 딴소리가 나오지 않으니까요. 이때 쓰는 계약서를 '근로 계약서'라고 한답니다. '근로'란 '일'을 가리키는 말이에요. 원래 계약서에는 어려운 단어들이 들어가기 마련이죠.

좋아!

다섯 시간이 더 좋은데.

그거보다는 많이 줘야지.

근로 계약서

앨리스와 토식이는 다음과 같이
근로 계약을 체결한다

1. 장소 : 빵나라의 앨리스

2. 내용 : 계산하고 포장하는 일

3. 시간 : 평일 오후 1시부터 오후 6시까지

4. 휴일 : 평일을 제외한 모든 날, 그리고
   아프거나 지루하거나 졸린 날

5. 임금 : 1시간에 10,000원

직원이 즐겁게 일해야 가게가 잘될 수 있어요

일하는 게 즐거우면 그만큼 더 열심히 일하게 되죠. 손님들에게도 더 친절히 대하게 되고요. 그러니까 여러분은 가게 주인으로서 직원이 즐겁게 일할 수 있도록 만들어 줘야 해요. 이건 법으로도 정해져 있답니다.

동물도 직원으로 고용할 수 있을까?

물론 동물에게도 일을 시킬 수 있어요. 예를 들어 시골에서는 소를 이용해 쟁기질을 하죠. 하지만 법에서는 동물을 직원으로 인정하지 않아요. 동물은 근로 계약서를 쓰지도 못하잖아요. 그렇다고 동물을 막 부려 먹어서는 안 되겠죠? 직원을 보호하는 법이 있듯 동물을 보호하는 법도 있거든요.

가격 매기기

상품이라면 모름지기 가격이 붙어 있기 마련! 여러분이 파는 상품도 가격이 있어야죠. 설마 애써 준비한 상품을 공짜로 나눠 주고 싶은 건 아니겠죠? 그럼 가격은 누가 매길까요? 바로 여러분이에요! 그렇다고 무조건 여러분 마음대로 아무렇게나 가격을 매겨서도 안 돼요. 여기 몇 가지 기준을 알려 줄게요.

비용을 계산해요

여러분이 상품을 만들려면 도구와 재료를 사는 데 돈이 들어요. 또 여러분이 가게를 꾸리려면 직원 월급도 줘야 하고 가겟세도 내야 하고 전기와 물에 대한 사용료도 내야 하죠. 이런 것들이 모두 여러분이 내야 하는 비용이에요. 상품을 팔고서 번 돈으로 이 비용을 다 감당할 수 있어야 해요.

이익을 남겨요

처음에 여러분이 가게를 만들려고 했던 이유가 무엇이었죠? 그래요, 돈을 버는 거잖아요. 상품을 팔고서 번 돈에서 비용을 다 빼고도 남는 돈, 그게 바로 이익이에요. 이익이 남아야 여러분이 따로 사고 싶은 것도 사고 저축도 할 수 있지 않겠어요? 상품의 가격에는 여러분이 가지는 이익도 꼭 포함되어야 해요.

다른 가게와 비교해요

여러분이 도구와 재료를 살 때 여러 가게를 돌아보며 가격을 비교했던 것을 떠올려 봐요. 여러분의 가게를 찾는 손님들도 똑같이 하겠죠? 그러니까 여러분도 다른 가게들에서는 얼마만큼의 가격을 매겼는지 확인해 봐야 해요. 만약 여러분이 다른 가게들보다 비싼 가격에 상품을 판다면 손님들이 오지 않을 거예요.

"이 옷 어떠세요?
좀 비싸긴 하지만."

"살게요!"

경제가 좋을 때는 가격을 올려요

경제가 좋다는 건 그만큼 돈을 넉넉하게 가진 사람들이 많다는 뜻이에요. 이럴 때는 좀 비싼 상품이라도 잘 팔릴 수 있으니까 가격을 올려도 좋아요.

경제가 나쁠 때는 가격을 내려요

경제가 나쁘다는 건 그만큼 돈에 쪼들리는 사람들이 많다는 뜻이에요. 이럴 때는 상품이 잘 안 팔리게 되니까 가격을 내려야 해요.

"바구니에 천원~"

"좀 더 싼 거 없나요?"

"이게 제일 싼 건데요."

나라에 따라 가격이 달라져요

같은 상품이라도 가게에 따라 가격이 달라질 수 있듯이 나라에 따라서도 가격이 달라질 수 있어요. 예를 들어, 우리나라에서는 석유가 비싸요. 모두 수입해 오기 때문이지요. 하지만 석유가 생산되는 중동에서는 석유가 무지 싸요. 물보다도 더 싸다나요.

> 석유를 왜 굳이 아끼지? 펑펑 나오니 펑펑 써!

시대에 따라 가격이 달라져요

> 나는 고대 로마의 병사야. 소금이 워낙 비싸서 월급으로 소금을 받지.

같은 상품이라도 시대가 지나면서 가격이 달라질 수도 있어요. 예를 들어, 옛날에는 소금이 굉장히 비쌌어요. 만들기도 운반하기도 어려웠거든요. 하지만 기술이 발달한 덕분에 요즘에는 소금이 무척 싸요.

상품 판매하기

여러분의 가게가 완성된 모습을 보면 절로 뿌듯한 마음이
들 거예요. 이제 상품도 준비되었고, 직원도 뽑았고,
가게도 예쁘게 꾸몄으니 가게 문을 활짝 열고 손님을 맞아야겠죠?
손님이 많이 오게 하려면 여러분의 가게를 알려야 해요.
여러 가지 이벤트가 필요할 수도 있어요. 찾아온 손님에게
어떤 말을 건넬지도 생각해 둬요. 손님들에게 하나둘 상품을
팔다 보면 어느새 여러분 주머니에 돈이 쌓일 거예요.
주머니가 무거워질수록 더더욱 뿌듯한 마음이 들겠지요?

손님 모으기

가게 안에 손님은 한 명도 없고 파리만 윙윙 날린다면?
상상하기도 싫은 일이죠. 가게가 완성되었다고 해서 손님이 저절로 오는 건 아니랍니다.
여러분의 가게 앞을 지나는 모든 사람이 손님이 될 수도 있지만,
그 사람들 모두가 그냥 지나쳐 버릴 수도 있어요.

광고를 해요

광고란 무언가를 널리 알리는 것이에요.
우리는 매일같이 광고를 만나요. 텔레비전에도,
라디오에도, 신문에도, 지하철에도, 버스에도,
담벼락에도 온통 광고, 광고, 광고가 가득해요.
돈이 많이 드는 광고도 있고 적은 돈으로 할 수 있는
광고도 있어요. 아무래도 텔레비전이나 라디오에
나오는 광고는 비싸겠죠. 그래서 작은 가게들은
대개 입간판이나 포스터, 전단지 같은 광고를 해요.
그럴 돈마저 없다고요? 그래도 다 방법이 있어요.
바로 인터넷이지요. 홈페이지를 만들거나
SNS를 이용하면 되니까요.

빵나라의 앨리스도
홈페이지를 만들어야지!

이벤트를 해요

세일 기간이 되면 백화점에는 사람들이 더욱 북적북적해요. 같은 상품이라도 사은품을 추가로 준다고 하면 더 잘 팔려요. 음료수를 열 잔 마시면 한 잔은 공짜로 주는 카페들이 많아요. 이렇게 특별한 이벤트를 하면 손님들의 눈길을 끌 수 있죠.

빵을 할인할까?
추첨해서 선물을 줄까?

입소문을 내요

입소문은 말 그대로 입에서 입으로 전해지는 소문이에요.
여러분도 친구가 "이 물건 참 좋아", "저 가게 참 괜찮아" 하면 관심이 생길 거예요.
광고보다도 주변 사람들의 말에 더 믿음이 가잖아요. 입소문을 내려면 어떻게 해야 할까요? 방법은 간단해요. 여러분의 가게에서 품질이 뛰어난 상품을 파는 거예요.
그러면 조금씩 조금씩 입소문이 퍼져서 나중에는 손님들이 많이 오게 될 거예요

저기 새로 생긴
빵나라의 앨리스 가 봤어?
이 컵케이크 거기서 산 건데
진짜 맛있어. 먹어 봐!

손님 모으기 실전편

광고에는 어떤 내용을 넣어야 할까요? 일단 가게 이름은 반드시 넣어야겠죠? 여러분이 파는 상품에 대해서도 넣고요. 손님이 찾아오기 편하도록 위치나 연락처도 잊지 말고 넣어요.

빵나라의 앨리스로 오세요!
건강에도 좋고 맛도 좋은 빵을 팝니다!

3일 동안의 이벤트!
모든 컵케이크를 반값에 드립니다.

*토토 초등학교 정문 건너편
*홈페이지 www.totobook.com
*일요일은 쉽니다.

잠깐!
주의할 점이 있어요.
허위 과장 광고는
절대 안 돼요!

전국 빵 경연대회 우승자가 만드는 빵이라고 광고할까?

그건 거짓말이잖아!

앗, 이런 곳에도 광고가?

여기저기 광고가 너무 많다 보니 오히려 광고가 눈에 안 들어올 때도 있죠? 그래서 사람들이 미처 생각 못 한 곳에도 광고가 등장하고 있답니다.

영화 속에도 광고를!

1982년 개봉한 영화 〈이티(ET)〉에는 허쉬 사의 초콜릿이 나와요. 사실 이 초콜릿은 허쉬 사로부터 광고비를 받고 등장한 것이었죠. 〈이티〉가 크게 성공하자 이 초콜릿의 판매량도 껑충 뛰었어요.

비행기 전체를 광고로!

2001년 대한항공은 비행기 한 대에 제주를 상징하는 돌하르방, 한라산, 유채꽃 등을 그렸어요. 제주 관광을 널리 알리기 위해서였죠. 이 비행기는 2009년까지 서울과 제주를 오갔어요.

하늘에다 광고를 한다면?

미국의 어느 광고 회사는 하늘에 광고를 한다고 해요. 그게 어떻게 가능하냐고요? 비행기를 이용해 하늘에 글자를 쓰는 거예요. 푸른 하늘에 하얀 글자가 만들어지면 사람들이 신기해서 쳐다보게 되겠죠?

손님 만나기

드디어 여러분의 가게에 손님이 찾아왔어요! 상품을 사든, 안 사든 모든 손님은 소중해요. 더구나 구경만 하고 가는 손님이라고 해도 다음에 또 와서 상품을 살 수도 있고 다른 사람들에게 입소문을 낼 수도 있잖아요. 그 많은 가게들 중에서 여러분의 가게에 관심을 가졌다는 것만으로도 고마운 마음이 샘솟지 않나요?

토식아, 연습해 보자. 어서 오세요!

손님을 만날 때 꼭 지켜야 할 점

- 손님이 가게 문을 열고 들어오자마자 밝은 목소리로 반갑게 인사해요. "어서 오세요!" 하고 말이에요.

- 손님이 무엇을 물어보든 친절하게 알려 줘요. 특히 상품에 대해 물어보면 술술 설명할 수 있어야겠죠.

- 손님이 나갈 때도 꼭 밝은 목소리로 "안녕히 가세요!" 하고 인사해요. 상품을 사지 않았다고 나 몰라라 무시해서는 절대 안 돼요!

손님 만나기 실전편

가게에 온 손님에게 어떤 말을 하면 좋을지, 한번 미리 연습해 볼까요? 여러분이 빈칸을 직접 채워 봐요.

"못 보던 가게인데 새로 생긴 건가요?"

"몇 시까지 문 열어요?"

"제일 괜찮은 걸로 추천해 주세요."

"좀 비싼 거 아니에요? 할인되나요?"

"저걸로 계산해 주세요."

"사은품 같은 거 없어요?"

어서 오세요!

돈 관리하기

여러분이 손님들에게 상품을 판 만큼 여러분에게는 돈이 남겠죠.
그 돈으로 하고 싶은 것도, 사고 싶은 것도 많을 거예요.
그렇다고 돈을 가지고 나가서 바로 써 버려서는 안 돼요.
번 돈을 잘 관리해야 앞으로도 가게를 잘 꾸려 나갈 수 있답니다.

흑자인지, 적자인지 따져 봐요

그동안 여러분이 쓴 비용을 계산해 봐요. 또 앞으로 여러분이
꼭 써야 하는 비용을 계산해 봐요. 그보다 더 많은 돈을 벌었나요? 축하해요!
여러분의 가게는 흑자를 낸 거예요. 흑자란 이익이 생겼다는 뜻이에요.

번 돈이 그보다 더 적나요? 이런, 어떡하죠. 여러분의 가게는 적자로군요.
적자란 이익을 얻기는커녕 손해를 봤다는 뜻이에요. 하지만 너무 걱정하지 않아도 돼요.
문을 막 열었을 때는 적자인 가게가 많거든요. 가게를 만들기 위해
처음에 많은 돈을 쓰게 되니까요.

물론 시간이 지나도 계속 적자라면
심각하게 고민해야죠. 손님을 더 많이
모으기 위해 광고를 늘리거나 비용을
줄이기 위해 직원 없이 여러분
혼자 일해야 할 수도 있어요.

이번 주는
만 원 흑자다!

나는 천 원!

통장에 돈이 차곡차곡 쌓여 가네! 이 돈을 모아서 빵나라의 앨리스를 더 크게 늘릴 거야.

저축을 해요

흑자를 냈다면 이제 맘껏 돈을 써도 될까요? 그러지 말라는 법은 없죠.
여러분이 번 돈을 어떻게 쓰는지는 여러분 마음이니까요. 하지만 미래를 생각해 봐요.
지금은 흑자라도 언젠가 적자가 될 수도 있어요. 새로운 상품을 개발해야 할 수도 있고요.
가게를 넓히거나 또 다른 가게를 만들고 싶어질 수도 있죠.
모아 놓은 돈이 있으면 그럴 때 큰 힘이 된답니다.

돈을 그냥 집 안에 모아 두기보다는 은행에 맡기는 게 좋아요.
은행은 여러분의 돈을 안전하게 지켜 줄 뿐만 아니라 이자까지 얹어 줄 거예요.

돌고 도는 돈

돈은 사람과 사람 사이를 쉴 새 없이 오가요.
이렇게 돈이 돌고 돌면서 우리 생활을 더 편리하게 해 주지요.

핸드폰 공장 직원이 여러분의 가게에 가서 상품을 사고 돈을 내요.

핸드폰 회사는 은행에서 빌린 돈으로 공장을 새로 지어 더 좋은 상품을 팔아 직원에게 월급을 줘요.

여러분의 가게에서 상품을 팔고 돈을 받아요

은행은 그 돈을 핸드폰 회사에 빌려 줘요.

여러분이 은행에 저축을 해요.

옷 가게 주인이 서점에 가서 책을 사고 돈을 내요.

서점 주인이 여러분의 가게에 가서 상품을 사고 돈을 내요.

슈퍼마켓 주인이 옷 가게에 가서 옷을 사고 돈을 내요.

여러분이 슈퍼마켓에 가서 먹거리를 사고 돈을 내요.

지하철 기관사가 여러분의 가게에 가서 상품을 사고 돈을 내요.

여러분이 나라에 세금을 내요.

나라에서는 세금으로 지하철이나 운동 경기장, 학교 등을 짓고 형편이 어려운 사람들을 도와줘요.

모든 준비는 끝났다!

완전히 새로운 가게를 만들었고, 당당히 돈을 벌 준비가 되었어요.
흠, 그런데 여러분이 어린이라면 다시 좀 생각해 봐야겠는걸요.
실제로 어린이가 가게를 만드는 일은 그리 많지 않거든요.
어린이는 학교에 가야 하잖아요! 아무래도 가게에 신경 쓸 시간이 부족해요.

하지만 꼭 가게를 만들지 않더라도, 꼭 새로운 상품을 준비하지 않더라도
실제로 무언가를 파는 건 여러분도 얼마든지 해 볼 수 있죠.
세계에서 가장 큰 부자 중 한 명인 워렌 버핏은 어릴 때 껌과 콜라를 팔아 용돈을 벌었대요.
또 발명왕 에디슨은 어릴 때 신문과 과자를 팔았고요. 여러분이 쓰던 물건을 주말에 열리는
벼룩시장에 가져가거나 인터넷의 중고 사이트에 올려서 파는 건 어때요?
그러다 보면 경제가 좀 더 쉽고 가깝게 느껴질 거예요.

여러분이 언젠가 진짜 가게를 만들게 된다면 어느 경우에든 상품과 손님이 중요하다는
것을 잊으면 안 돼요. 상품과 손님이 없다면 가게도 없는 거나 마찬가지니까요.
결국 가게 문을 닫을 수밖에 없어요.

여러분은 분명 새 가게를 성공적으로 꾸려 갈 거예요. 만약 시간이 된다면
빵나라의 앨리스에도 꼭 들러 줘요. 빵나라의 앨리스는 토토초등학교 앞에 있어요.
앨리스가 여러분에게 빵집 안을 구경시켜 주고 컵케이크를 한가득 선물할 거예요.
그날을 기다리며, 만날 때까지 안녕!

빵나라의 앨리스를 소개합니다!

종류: **빵집**

크기: **50제곱미터**

위치: **토토초등학교 정문 건너편**

사장: **앨리스**

직원: **1명(토식이)**

여는 시간: **오전 10시부터 오후 6시까지**

쉬는 날: **일요일과 공휴일**

기본 상품: **식빵, 팥빵, 소보로빵, 컵케이크**

특별 상품: **키위 컵케이크, 오렌지 컵케이크, 포도 컵케이크**

그 외의 상품: **우유, 주스, 잼, 초콜릿**

내가 만든 가게를 소개합니다!

종류:

크기:

위치:

사장:

직원:

여는 시간:

쉬는 날:

기본 상품:

특별 상품:

그 외의 상품:

한눈에 보는 가게 만들기

가게가 완성되는 과정을 꼼꼼하게 따라가다 보면 어느새 나만의 가게를 뚝딱 만들 수 있을 거예요. 순서를 조금씩 바꿔도 상관없어요. 자, 지금부터 이 동네에서 가장 소문이 자자한 가게를 만들어 볼까요?

용어 설명

이자   남의 돈을 빌린 대가로, 빌린 돈의 몇 퍼센트 정도를 추가로 내는 돈.

채무 불이행자   은행에서 빌린 돈이나 신용카드로 이용한 돈을 정해진 기간 동안 갚지 못해 금융 활동에 제한을 받는 사람.

상담   문제를 해결하거나 궁금증을 풀기 위해 의논하는 것.

통장   은행 등의 금융 기관에 돈을 언제 얼마나 넣고 뺐는지 기록해 둔 문서.

지폐   종이에 인쇄해서 만든 돈.

세금   나라를 꾸려 나가는 데 쓰기 위해 정부가 국민으로부터 거두어들이는 돈.

가겟세   가게를 만들기 위해 자리를 빌리는 대가로 내는 돈.

면허증   어떤 특수한 행동을 할 자격을 공식적으로 갖추었음을 적어 둔 문서.

세무서   각 지방에서 그곳의 세금을 걷는 일을 담당하는 관청.

식중독   상한 음식을 먹고 열이 나거나 구역질을 하거나 설사를 하는 등의 증상이 나타나는 병.

상품평	어떤 상품에 대해 좋고 나쁨을 평가한 말.
소비자	다른 사람이나 기업으로부터 상품 또는 서비스를 구입하는 사람.
계약서	어떤 의무를 서로 지키기로 약속했음을 적어 둔 문서.
임금	회사나 다른 사람에게 고용되어 일을 한 대가로 받는 돈.
입간판	벽에 기대어 놓거나 길에 세워 둔 간판.
전단지	무언가를 홍보하기 위한 내용을 인쇄한 종이.
SNS	'Social Networking Service'를 줄인 말. 인터넷에서 사람들이 관심사를 나누며 친하게 지낼 수 있도록 해 주는 서비스.
허위	사실이 아닌데도 마치 사실인 것처럼 꾸미거나 거짓말하는 것.
과장	실제 사실보다 지나치게 불려서 나타내는 것.
입소문	한 사람의 입에서 다른 사람의 입으로 전해지며 퍼지는 소문.
사은품	받은 은혜를 갚기 위해 건네는 물건을 뜻하는데, 요즘은 회사나 가게가 소비자를 더 끌어모으기 위해 상품과 함께 건네는 물건을 가리키기도 함.

19쪽 퀴즈 정답

돈을 만드는 은행은 ❷ 번!

여러분이 평소에 쓰는 지폐와 동전은 모두 한국은행에서 만들어요.
한국은행은 이처럼 특수한 역할을 맡고 있기 때문에
보통 사람들이 평소에 은행에서 하는 일은 다루지 않아요.
한국은행에 가서 통장을 만들고 싶다고 하면 안 돼요!

토토 사회 놀이터

내가 가게를 만든다면?

1판 1쇄 2015년 5월 26일 | 1판 7쇄 2025년 4월 21일
글 김서윤 | 그림 서영아 | 펴낸이 이재일
기획·편집 박설아 | 디자인 땡스북스 스튜디오 | 제작·마케팅 강백산, 강지연, 김주희
펴낸곳 토토북 | 출판등록 2002년 5월 30일 제2002-000172호
주소 04034 서울시 마포구 잔다리로7길 19, 명보빌딩 3층 | 전화 02-332-6255 | 팩스 02-6919-2854
홈페이지 www.totobook.com | 전자우편 totobooks@hanmail.net | 인스타그램 totobook_tam
ISBN 978-89-6496-258-9 74300 ISBN 978-89-6496-257-2 74300(세트)

ⓒ김서윤, 서영아 2015

이 책은 저작권법에 의해 보호를 받는 저작물이므로 무단 전재 및 무단 복제를 금합니다.
잘못된 책은 구입하신 곳에서 바꾸어 드립니다.

KC
제품명: 내가 가게를 만든다면? | 제조자명: 토토북 | 제조국명: 대한민국 | 전화: 02-332-6255
주소: 서울시 마포구 잔다리로7길 19, 명보빌딩 3층 | 제조일: 2025년 4월 21일 | 사용연령: 8세 이상
* KC 인증 유형: 공급자 적합성 확인
* KC마크는 이 제품이 공통안전기준에 적합하였음을 의미합니다.

⚠ 주의 책의 모서리에 다치지 않게 주의하세요.